AF359707

L'AVEUGLE

DE LA
MONTAGNE

ENTRETIENS
PHILOSOPHIQUES.

LE CHANT DU CYGNE,

O U

LA VIE À VENIR ET L'IMMORTALITÉ.

Enitere , et sic habeto : Non esse te mortalem , sed
corpus hoc. Nec enim tu is es, quem forma ista declarat ;
sed mens cujusque, is est quisque; non ea figura , quae
digito demonstrari potest.

Cic. Somn. Scipionis.

O nuit! de la nature o! sombres vêtemens!
Tandis que vous couvrez encore
La cabane du pauvre , et les palais des Grands;
Tandis que le sommeil, que ma paupière abhorre,
Verse ailleurs ses pavots ou suspend les tourmens;
Je veille, et je t'invoque, o! sémillante Aurore!
Parois, et sois pour moi du Ciel le truchement.
Parois, et d'un beau jour, de ce jour que j'implore,
Qui n'a point de déclin, deviens-moi le garant.

C'est ainsi, Théogène, que chaque nuit, avant que la messagère du jour annonce le lever de l'Astre qui vivifie toute la nature; avant que le chantre de nos guérets éveille ses compagnes endormies; c'est ainsi que j'élève une voix plaintive et que j'exhale une

douce mélancolie. Car, ne vas pas croire que
mes accents ayent quelque chose de triste
ou de funèbre : ils sont la consolation de ma
demeure solitaire. Les échos des montagnes
les répétent avec plaisir : la nature elle-mê-
me semble sourire à mon espérance et s'ap-
puyer sur mes desirs. Cette espérance me
soutient ; par elle je me sens porté déjà sur
les ailes de l'immortalité.

Doux et consolant espoir! Fils de la perfectibilité, que Dieu a départie ici bas à toutes ses créatures douées d'intelligence! E-
spoir qui me consoles dans tous mes maux,
ou plutôt qui n'en laisses subsister aucun,
je te salue. Tu m'es donné par celui qui ne
donna jamais rien en vain, et qui ne sauroit
se repentir des dons qu'il a une fois accor-
dés : c'est toi que je veux chanter. Inspires-
moi à la fois le sentiment et la parole. Réa-
lises tes promesses, et que par toi j'apprenne
à jouir par avance.

Dis-moi ; d'où vient ce charme irrésisti-
ble qui t'accompagne sans cesse, et par le-

quel tu agis toujours? Je parcours les plaines de la vie, et qu'y vois-je? Des malheureux dont l'ame fermée à la joie, semble ne vouloir plus s'ouvrir à la consolation, ou renaître à la lumière. Tu trouves le moyen de pénétrer dans leur cœur: aussitôt ce cœur, tel que la rose du matin, commence à s'épanouir; une douce chaleur et la sérénité du plus beau jour, raniment ses couleurs flétries.

Je m'élance au delà des portes du trépas. Ha! j'en vois de rayonnantes, de célestes! C'est-là, certainement, que tu habites. J'entre, conduit par le desir. Te voilà! Qui que tu sois, Reine certainement ou consolatrice des humains; une troupe empressée qui a laissé parmi nous sa dépouille mortelle, te porte encore ses vœux enflammés. Pleins de toi, sans doute ils sont heureux. Fais que je puisse être associé à leur félicité.

Mais, quels sont ces lieux qui se découvrent dans le lointain? Ces seuils noirs, ces gonds massifs, cette pierre ferrugineuse, ces

caractères obscurs, mêlés de traits de feu?
Qu'est-ce que tout celà signifie?

Laissez l'espérance, o! vous qui entrez. [1]

Ah! je frissonne; je recule d'horreur. Cependant une foule de malheureux en détournant la vue, se précipite vers ces lieux affreux. Comment appeller ce délire? Quel est ce terrible phénomène?

Je te l'expliquerai une autre fois, me dit alors l'Espérance: il n'en est pas tems aujourd'hui. Ecoutes-moi. Je veux remplir ton ame de sentimens plus délicieux.

Jamais je n'approchai de cet antre; et puisque je te suis donnée pour compagne, il faut que tu t'en éloignes avec moi. Montons vers le Ciel; c'est là notre bercéau; ce doit être là notre demeure. Mais allons par dégrés. Descends premiérement en toi. En apprenant à te connoître, tu apprendras à

______

(1) Dante l'Enfer, Chant III. v. 9.
Lasciate ogni speranza, voi ch' entrate.

me connoître aussi. Je suis une partie de toi.

Qui t'a fait, mon enfant? Car tu ne t'imagines pas, sans doute, de t'être fait toi-même. Hé bien, celui qui t'a donné l'être, t'a donné tout ce qui accompagne l'être; c'est lui qui m'a donnée à toi.

Créature d'un principe intelligent et tout puissant sans lequel rien n'existe, tu ne t'es pas donné la moindre partie de toi-même: tu as tout reçu. Tout ce qui tient à ton être, tout ce qui t'est avantageux, tout ce qui dépend de cet ordre éternel qui est le prototype de l'Univers et qui l'a formé, tout cela vient d'ailleurs. Il vient de vous, O! vous qui avez tout fait! Si la pensée, si la faculté de nous replier sur nous-mêmes, de contempler le présent, et de le comparer avec ce que nous appellons le passé, ou de nous élancer dans l'avenir; si tout cela, ou la moindre partie de tout cela pouvoit être notre ouvrage; ha! je ne sais, ce qui pourroit nous empêcher de créer un Univers.

Ainsi parla cette fille céleste; et je continuai de méditer.

L'espérance donc, ainsi que tout le reste, nous a été donnée; elle nous vient du dehors. Si elle pouvoit jamais être un don de nous à nous-mêmes, combien d'autres dons ne nous serions-nous pas faits? Peut-on croire que nous serions restés en si beau chemin?

Mais si au contraire l'espérance est fille du Ciel; si elle est un présent direct et immédiat de celui de qui tout émane, et chez qui,

Vouloir et le pouvoir, est sa sublime essence; [1]

si tout cela est prouvé, ou doit l'être, pour quiconque connoît le MOI, le NOYΣ et ses opérations; pour quiconque n'ignore pas le lieu de son origine; le terme où il doit parvenir, la carrière qu'il lui faut parcourir, les hauteurs (crues si mal-à-propos inaccessibles) auxquelles il peut atteindre, et où il doit toujours tâcher de s'élever: si tout cela

____

(1) Vers tiré de l'*Hymne du Matin.*

est ainsi, comme l'on ne sauroit en douter;
combien un espoir vrai, senti, imperturba-
ble, existant en un mot, est une réalité dé-
licieuse, une félicité à laquelle on touche
déjà, le bonheur atteint, acquis, possédé!

Auprès de l'être simple, à la nature duquel je participe, il n'y a pas de demain. Le
futur ainsi que le passé, sont bannis d'une
existence qui n'a pas de terme, comme elle
n'a point eu de principe, ni ne peut avoir
de bornes. En elle, nuls rapports des tems,
des lieux, des distances. Ces rapports, elle
les connoît, puisque c'est elle qui les a faits.
Elle les connoît comme étant l'appanage des
natures changeantes, perfectibles, liées entre elles et subordonnées à un Tout, qui
est son ouvrage. Ces rapports sont faits pour
nous; ils sont nés avec l'œil qui les contem-
ple, avec la main qui a formé le compas,
dont cette main se sert pour dessiner le quar-
ré ou le cercle. Ils périront avec eux; c'est-
à-dire, qu'ils seront changés, modifiés, trans-
formés en une opération plus simple, plus

durable. O Ciel! O demeures éternelles! O
fécondité! O sagesse! O puissance! Combien
vous savez changer l'aspect des choses qui
n'existent que par vous! Par vous, toujours
immuable, toujours Vous-même!

On se perd dans cet abîme de l'Unité.
C'est un océan sans fonds et sans rives, qu'on
desire follement de sonder, et dont on vou-
droit tenir le fil qui l'embrasse. On se tré-
mousse, on se fatigue. Mais pourquoi se tré-
mousser, se fatiguer? Pourquoi toujours ê-
tre si pressé? On ne sent pas le plaisir d'e-
xister. Loin de nous cette impatience! Tout
ce qui doit être un jour, sera toujours assez tôt, ou plutôt il est déjà. Qu'est-ce que
le tems? Que sont les années que nous appellons passées? Quelle différence y a-t-il
entre une et cent mille? Pour moi je n'en
trouve aucune. Élevons donc la vue, pour
la porter au delà de toutes les régions du
tems et de l'espace. Marchons d'un pas fer-
me vers la Patrie des Intelligences. C'est là
que nous trouverons nos grandes et primiti-

ves relations. Celles d'ici bas sont si étroites, si versatiles! Ne les méprisons cependant pas; ne dédaignons point cette terre que nous habitons. Elle est, comme tout le reste, un anneau de la grande chaîne: elle est le berceau de notre immortalité. C'est le premier lieu de notre perfectibilité; et, sous ce point de vue, combien ne devons-nous pas l'aimer? Je ne sais, mais la terre sous ces rapports, me paroît presque préférable au Ciel même. Elle nous le prépare, ce Ciel; elle nous le forme, elle nous l'étend, elle le proportionne à nos besoins futurs, à notre capacité présente.

Théogène, combien ces vérités sont importantes et loin de ce qu'on appelle spéculation oiseuse, vaine, difficile! Quelles conséquences n'est-il pas permis d'en tirer? Faisons-le de plus en plus; mais sur-tout que ces conséquences ne soyent jamais pour nous stériles: qu'elles servent de règle à notre conduite, de fondement à notre morale, de véhicule à notre espérance, de complément à notre bonheur. Entre-tems restons en paix, soyons contens.

Ne cessons point pour cela, ne cessons point de nous élever (comme si souvent je t'y invite,) vers les plaines azurées, vers ces lieux où notre imagination, qui toujours nous accompagne, telle qu'un vêtement dont nous ne saurions entiérement nous dépouiller ; où notre imagination nous peint, ainsi qu'Homere, sous des figures, il est vrai, un peu terrestres, le séjour de la tranquillité et de la paix:

Stellantis Olympi
Culmina, tranquillas perhibent ubi numina sedes
Incolere. Haud illic ventorum flamina gliscunt,
Haud pluviae incanaeve nives: at pura sereno
Aura polo sine nube viget, circumque coruscat
Lumine purpureo; qua laeta per otia vitam
Caelicolae ducunt, aeterna pace potiti. [1]

C'est là un emblême, bien imparfait sans doute, de la félicité à venir; mais, c'est un

____

[1] Odyss. liv. 6. vers. 43 et suiv. Traduction de Zamagna.

emblême pourtant, et il nous en faut. Sui-
vons la pente de notre esprit, la route que
la nature nous trace; obéissons à sa voix, et
marchons:

> *Jam, jam . . . .*
> *. . . album mutor in alitem*
> *Superne.*

Je m'élève. La terre s'éloigne. Elle ne paroît
plus que comme un point dans l'immensité.
Voilà que j'ai passé le globe de Mars. Je po-
se un pied sur celui de Jupiter, l'autre sur
Saturne. De la main je touche les Satellites
du premier; je découvre le célébre Anneau
de l'autre. Je me trouve parmi les Astro-
chitones [1]. Je mesure de l'œil la petitesse de
Sirius. Les bornes de l'Univers se reculent.
Mais, tout-à-coup, l'espace se resserre! Il
s'évanouit presque. Ciel! Je commence à
craindre que l'Univers ne vienne à me man-
quer. Déjà il me paroît trop petit. Bientôt

---

(1) 'Αστροχίτων: *revétu des Etoiles comme d'un habit. Mulier
amicta Sole*, dans l'Ecriture Sainte.

je ne saurai où me loger. Je tremble que d'autres ne m'ayent prévenu. Ils se seront emparés des coins les plus riants, des plus belles contrées!

O contradictions! O folies! Vous nous suivrez-donc toujours? Sans cesse nous mêlerons, à ce que nous appellons pensées les plus sublimes, toutes les petitesses, je ne dis pas du plus punissable, mais du plus ridicule orgueil? En vérité, Théogène, telle est la force de l'habitude et l'impression des premières notions de l'enfance, que ce ne seroit pas merveille, que des pensées aussi bizarres fussent encore les nôtres, lorsque nous croyons penser le mieux, et au moment, pour ainsi dire, de toucher aux demeures éternelles. Plus foux qu'Alexandre et que Pyrrhus, [1] nous manquons de ver-

---

(1) Alexandre a été bien peint dans ce vers d'un Satyrique ancien:

Unus Pellaeo juveni non sufficit orbis.

Et quant à Pyrrhus, voici de beaux vers faits avec non moins de vérité, par un moderne. Ils nous peignent le caractère de l'insen-

tueux Cineas, qui veuillent bien se donner la peine de nous redresser, lorsqu'il le faut. Nous continuons ainsi nos erreurs et nos folies: et elles nous suivront encore dans un autre monde, où elles feront notre malheur, comme elles l'auront fait dans celui-ci, si nous ne nous hâtons de nous en dépouiller. Car, la nature ne fait rien par sauts ni par bonds; sa marche est par-tout constante et uniforme. Tout y est gradué et lié. Et s'il y a des maladies, des aberrations pour les esprits comme pour les corps, ainsi que nous ne saurions en douter, les retours, les con-

---

sé qui met sa gloire à conquérir ce dont il n'a pas besoin. C'est le foible de l'humanité.

> Je vous entends, Seigneur, nous allons tout dompter;
> Nous allons traverser &c. . . . .
> . . . .
> Faire trembler &c. . . . .
> Et ranger sous nos loix tout ce vaste hémisphere;
> Mais de retour enfin, que prétendez-vous faire?
> Alors, chez Cineas, victorieux, contents,
> Nous pourrons rire à l'aise et prendre du bon tems.
> Hé, Seigneur, dès ce jour, sans sortir de l'Empire,
> Du matin jusqu'au soir, qui vous défend de rire?
> BOIL. Epit. 5.

valescences doivent être semblables. Elles seront plus ou moins longues pour les uns et pour les autres.

Qu'arrivera-t-il donc à cette époque, que nous appellons la mort? Nous perdrons les organes de nos sens; et avec eux, les instrumens qui nous servoient pour appréhender la nature des choses créées, ici bas. Nos sensations, tantôt si agréables ou si douces, tantôt si douloureuses; ces sensations nous échapperont. Mais, en perdrons-nous pour cela le souvenir? Je ne le crois pas. Les relations que nous aurons eues jusques là avec le monde visible et palpable, seront finies: celles avec le monde intellectuel, je ne dis pas, commenceront; elles sont commencées, il y a long-tems, pour les êtres qui ont la conscience d'eux-mêmes; mais elles prendront alors une force, une activité nouvelle. Et heureux, mille fois heureux celui qui y aura pensé de bonne heure, et en aura fait le fortuné apprentissage pendant toute sa vie!

Enfin, il nous faut, de quelque manière que celà soit, une continuation de notre être. Et comment pourroit-il y en avoir une, si nous ne conservions pas la conscience, la mémoire de nous-mêmes? Si nous perdions la faculté de nous replier sur le passé, que deviendroit notre existence antérieure? Non; le Poëte qui a dit:

Curae non ipsa in morte relinquunt; [1]

» Les peines, les inquiétudes, les réflexions » et les soucis, dont notre existence a été » travaillée ici bas, ne nous abandonneront » pas entiérement, même à la mort. » Ce Poëte a eu tort d'inventer un fleuve où les ames, selon lui, boivent à longs traits l'oubli des événements passés, en même tems que leur sécurité présente:

Securos latices et longa oblivia potant. [2]

Une semblable fiction n'a rien de philosophique.

---

(1) Virg. Aeneid. lib. VI. v. 444.
(2) Aeneid. lib. VI. v. 715.

3

Le fonds de nos connoissances, celui de nos habitudes, une grande partie au moins de tout cela, tout notre être en un mot, nous restera donc à notre mort. O Théogène, quel motif plus puissant pour acquérir sans cesse, et avant ce terme, des connoissances toujours nouvelles, dont le nombre et le fruit, en se prolongeant dans l'éternité, persévéreront avec nous ? Quelles difficultés de pareilles réflexions ne sont pas capables de vaincre, quel découragement de surmonter ? Laissons l'ignorance, laissons la paresse se récrier : à quoi bon tant travailler son esprit ? A quoi servent les sciences, que la mort, la cruelle mort, doit bientôt détruire ? Est-ce bien la peine ? Oui, Théogène ; c'en est la peine, et grandement. La mort d'abord ne détruit rien ; elle perfectionne tout, tout ce qui est perfectible. Elle n'est donc pas cruelle. Tout ce qui est bon et beau, tout ce qui est utile, rien de tout cela ne sera perdu. Mais, ainsi qu'un diamant, brillant et solide, qui a reçu déjà le plus beau poli, la for-

me la plus gracieuse, diffère du verre fragi-
le et à demi opaque: ainsi qu'une étoile né-
buleuse ou du second ordre, diffère de celle
de Sirius ou de l'Alpha du Bootes; tel qu'un
or pur et ductile surpasse le fer aigre et cas-
sant; ou l'argent, le plomb lourd et cendré:
de même, et bien plus, l'ame du sage et du
juste, celle d'un Pythagore, par exemple, ou
d'un Socrate, surpassera, dans une autre vie,
l'ame de Thersite; l'esprit de Numa, celui
de Commode ou d'Héliogabale. Qui ne vou-
droit ressembler aux premiers? Qui pourroit
souffrir patiemment d'avoir quelque chose
de commun avec les seconds? Et c'est la cul-
ture, c'est l'emploi présent de nos facultés,
ce sont nos connoissances et nos vertus, qui
feront cette différence dans un avenir, qui
n'aura plus ni époques ni termes; où tout ce
qui se trouvera perfectible, sera perfection-
né; où nos amitiés, nos goûts et nos lumiè-
res, où tout, deviendra céleste et divin.

Dès que le voile sera une fois levé, et le
rideau tiré sur cette partie de la création qui

aujourd'hui nous trouble si souvent et nous
offusque: quand cet Univers que nous appellons, nous échappera; lorsque les beau-
tés de ce monde que nous chérissons, de-
viendront nulles pour nous; et que nous
nous trouverons dans un monde invisible de
substances, avec plus ou moins de secours
pour les saisir ou les contempler: alors, a-
lors, nous marcherons sans tous ces obsta-
cles que nous rencontrons aujourd'hui: tout
ce qui se trouvera sur notre route, dans la
route de la vérité et du bonheur, continuera de la suivre. Le contraire, le contraire
seul fuira; c'est-à-dire, le mal, l'erreur, le
mensonge. Ce mensonge continuera de s'é-
carter, de plus en plus, de cet ordre éternel, loin duquel *Exister* et *être heureux,*
sont des choses impossibles, insociables.
Elles formeront des lignes éternellement divergentes, qui, plus elles seront prolongées,
plus elles continueront de s'écarter. Nul
moyen, à jamais, de les rapprocher.

Et voilà pourquoi on sera toujours puni,
parce qu'on sera toujours coupable. Car n'al-
lez pas vous imaginer ici, Théogène, des
châtiments arbitraires. Il n'en existe pas chez
le père de toutes ses créatures. Celui-ci ne
hait rien de tout ce qu'il a fait: mais il n'a
pas fait le mal, il n'a pas créé le désordre.
Au reste laissons, en ce moment, laissons la
théorie du mal et sa punition nécessaire: af-
fermissons les idées de bonheur; et pourvu
que nous ayions eu soin de les bien former,
de les entretenir, pendant le tems de notre
vie présente; il est impossible, comme je vous
l'ai déjà fait entrevoir, qu'elles ne nous sui-
vent point au delà. Nous cesserions d'être,
si nous pouvions perdre subitement, oublier
entiérement, tout ce que nous avons eu, tout
ce que nous avons été, jusqu'à cette heure; et
ensévelir, dans une même tombe, avec notre
dépouille mortelle, la totalité de nos vouloirs, de nos connoissances, de nos pensées.
Leur succession, leur permanence; ou du
moins la permanence d'une grande partie de

tout celà, est, ce qui fait le ΝΟΥΣ, ce qui fait notre être. Nos souvenirs sont nos MA-NES. Si je ne puis dire; j'ai fait, autrefois, telle ou telle chose; j'étois là, je pensois ainsi: du moment que je ne me rappelle plus rien de mes actions passées, que je ne puis me les peindre, en aucune manière: j'ai cessé d'être; un autre être a pris ma place, il m'a été substitué; le premier est mort: mais mort véritablement. Il ne sauroit y avoir un autre genre de destruction, une mort différen-te, pour les esprits. Car, en quoi consisteroit-elle ? Si je coupe à un arbre toutes ses branches; si je lui coupe encore ses racines, si je brûle son tronc: si nous retranchons à un animal ses pieds, sa tête, et que nous en dévorions le corps: leur substance altérée, restera cependant. Et toutefois nous aurons raison de dire, que l'arbre, que l'animal n'existent plus. Mais pour les esprits, pour les intelligences; ah! ôtez-leur la volonté, leur intelligence, leur mémoire: faites qu'il ne leur reste plus aucun vouloir antécédent,

point de souvenir, aucune de leurs premières habitudes: dès qu'ils ne se replient plus
sur l'usage qu'ils ont fait de leurs facultés;
si leur jouissance, si leurs souffrances sont
effacées ou éteintes; dès cet instant ils sont
effacés, ils sont éteints eux-mêmes. Il ne reste plus rien d'eux, puisque leurs jouissances et le souvenir de leurs jouissances, leurs
vouloirs ou leurs pensées, étoient tout leur
être. Que voudriez-vous qu'il y eût eu de
plus? Je vous l'ai déjà dit, Théogène, et je
le répéterai toujours, il n'y a pas d'autre
mort pour les ames, point d'autre destruction pour les substances intellectuelles,
pour tout ce qu'on appelle individu, qu'un
oubli général de tout le passé, qu'une ex-
tinction totale de tous leurs desirs. Mais quant
à leur vie, Ciel, qu'il y a de degrés différents!
Et tant qu'on est perfectible, l'un de ces degrés servira toujours de marche pour monter à l'autre. Monter ou descendre, changer
en bien ou en mal; voilà, oui, voilà le destin,
la nature, le *Fatum*, l'*ineluctabile fatum*,

de tout ce qui a été, de tout ce qui sera, de tout ce qui est imperfection; ou plutôt, de tout ce qui n'est pas la perfection suprême. Et celle-ci est incréée; elle est le Créateur; elle est Dieu.

Théogène, nous avons parlé jusqu'ici constamment raison, jamais autorité; et je crois vous avoir présenté sur la vie à venir, sur l'immortalité, tous les grands résultats auxquels la raison humaine, éclairée par ce rayon de la Divinité qui est en elle, peut atteindre. Je m'arrête, parce que les détails seroient immenses. J'ajouterai seulement; que la Religion nous montre, sans fatigue et sans peine, tout d'un coup pour ainsi dire, et à l'ignorant comme au savant, ce que la philosophie ne persuade guères aux plus doctes, et qu'avec la plus grande difficulté. Mais elle le persuade pourtant, lorsqu'on la consulte de bonne foi, et qu'on l'écoute avec assiduité. Si la religion n'étoit pas inventée, et enseignée par celui qui a tout trouvé, le Philosophe, oui, le vrai Philosophe,

en suivant la pointe de ses raisonnemens,
se feroit un système assez semblable au nô-
tre, en partant des mêmes principes; avec
cette différence pourtant, que son système
seroit toujours chancelant, n'étant pas fon-
dé sur des bases assez solides. Et le sophi-
ste lui-même, qui a le cœur vicié, le feroit
peut-être par esprit de contradiction. En partant des mêmes principes, et en raisonnant
juste, il faut bien qu'on parvienne aux mêmes conclusions. Mais le Philosophe, éclairé
de cette lumière qui luit dans les ténèbres [1],
verroit ce qu'il ne croit pas; car on croit sur
parole. Et il faut croire, lorsque la plus re-
spectable des autorités a parlé. Tous nos
dogmes, Théogène, sont dans la nature; mais
nous n'y sommes pas toujours nous-mêmes.
Voilà d'où vient la grande peine que nous
avons de les démêler. Nous nous trouvons
au milieu d'un tas de préjugés et d'erreurs,
que nous ne pouvons pas toujours rectifier.

____

[1] *Et lux in tenebris lucet.* S. Jou.

Il nous faut une règle ; mais une règle sûre,
infléxible; et non celle de Lesbos, qui étoit
de plomb : une règle qui nous fasse voir et
corrige toutes nos sinuosités, et ne se plie
point à nos passions, à nos caprices. Mais
revenons à notre thèse.

Quoique la nature ne fasse rien par sauts
ni par bonds; et qu'ainsi nos habitudes, nos
connoissances, nos vertus et nos vices, que
tout persévérera en un sens, pour durer au
delà de notre trépas : il se fera toutefois un
grand changement à ce trépas et sur les bords
de notre tombe. Beaucoup d'ames y prendront un sublime et nouvel essor; tandis
que d'autres resteront long-tems, peut-être
toujours, dans la fange et dans l'obscurité
de la nuit, ou seront ensevelies, toujours plus
profondément, dans l'abyme (1). Lorsque toutes nos relations, avec ce monde visible et
palpable, auront cessé, que deviendra l'hom-

----

(1) Ils seront comme l'Ange de Milton, dont les ailes, à l'en-
vers, au lieu de porter en haut, se dirigent vers les profondeurs
de l'abyme.

me charnel, qui n'aura existé, ici bas, que par ses sens ?

Animula, blandula, vagula,
disoit, en mourant, un Empereur Romain, qui ne manquoit pas d'esprit ;

> *Animula, vagula, blandula*
> *Hospes, comesque corporis ,*
> *Quae nunc abibis in loca,*
> *Pallidula, rigida, nudula ?*
> *Nec, ut soles, dabis jocos ?*

Loin de desirer une autre félicité, (et nos desirs sont nos moyens pour rencontrer;) loin de desirer un bonheur différent de celui des sens; ne s'élançant point vers des objets purement intellectuels, qu'ils n'auront peut-être jamais su imaginer, ils seront donc nécessairement privés de tout bonheur ; car on ne peut desirer que ce qu'on connoît; on ne peut atteindre que ce qu'on desire. Mon amour est le poids qui m'entraîne; [1] et c'est par

____

[1] *Amor meus, pondus meum ; illo feror quocumque feror.*
S. Aug.

lui que je suis porté par-tout où je me trouve, comme disoit dans ces derniers tems u-
ne ame non vulgaire, qui s'étoit bien déga-
gée de la corruption de la matière, autant
qu'il est possible de le faire dans cette vie.
Faisons comme lui, Théogène, et nous rencontrerons comme lui. Nous le rencontrerons
lui-même sur la route du bonheur, avec tant
d'autres qui nous auront été chers. Car il
ne sauroit y avoir ici deux routes différen-
tes. Marchons donc avec allégresse. Courons
vers cet asyle tranquille, où tous les amis de
l'ordre, où les vrais adorateurs de celui qui a
formé cet Ordre et créé la Sagesse,[1] où tous
les sectateurs de la vertu doivent un jour se
réunir. Sur-tout, ne nous méprenons pas sur
le chemin qui y conduit. Notre vie ici bas,
est précisément cet *Ypsilon* de Pythagore.
Nous partons tous d'un même point: mais
bientôt la séparation se fait et l'on enfile des
routes fort opposées, l'on marche sur des li-

----

[1] *Ego, Dominus, creavi eam.*

gnes éternellement divergentes. O mon bon
Théogène! Que ce point de division, et son
moment éternel, seront terribles! Terribles
pour les uns, aimables pour les autres! Mais
ne parlons que de ces derniers. C'est donc là
que vous viendrez me rejoindre et que je
vous reverrai, O vous, que je laisse au milieu d'une mer agitée et entourée d'écueils!
Théogène, Aristide; et vous, que j'ai regar-
dées et aimées comme mes pupilles, vertueu-
se Herminie, docte et solide Théano! O vous,
qui vous êtes envolée avant moi, et que je
reverrai encore, qui me reverrez, O ma mère! O ma première bienfaitrice! qui, non
contente de m'avoir porté dans votre sein,
nourri de votre lait, m'avez comblé de dons
plus précieux, en détournant de mon jeune
cœur jusqu'aux moindres impressions du vi-
ce, et en me montrant continuellement des e-
xemples de vertu! O ma Mère! O celle qu'un
fils reconnoissant, s'il n'a pas d'autres vertus,
remercie et invoque, après cinquante ans, encore tous les jours de sa vie. Et vous, Génies

tutélaires, Agathocle, Philarète, venez, venez à ma rencontre! Faites-moi comprendre,
dès-à-présent, quelque chose de ces ineffa-
bles conversations, que nous aurons ensem-
ble pendant toute une éternité; et que Théogène et moi, nous osons singer quelquefois
ici bas, dans cette vallée de larmes, et sur
cette montagne des desirs!

L'ADORATION,

OU

LA PRIÈRE ET LE DÉSIR:

L'HOMME À DIEU.

HYMNE DU MATIN.

(Deus, Deus meus, ad te de luce vigilo, Ps. 62.)

(*Cantate, pour être mise en Musique.*)

En attendant que l'orgueilleuse philosophie explique mieux
ses désolans systêmes ; en attendant „ j'entônerai toujours mon
„ hymne au grand Ordonnateur, au grand Démiurge ; hymne
„ d'admiration, d'amour et de reconnoissance ; et les Intelligen-
„ ces Célestes, et l'Echo de la Nature, le répéteront à l'u-
„ nisson ; ils feront retentir mon cantique dans les immenses
„ concavités du Ciel. O ! ROI IMMORTEL DE TOUS LES SIE-
„ CLES ! RIEN N'EST QUE PARCE QUE TU ES ! „

L'AVEUGLE DE LA MONT.

Avant le lever de l'aurore ;

Avant que l'Univers à mes yeux renaissant,

   Chaque jour vienne éclorre ;

Avant que le soleil, en son cours triomphant,

De nos monts sourcilleux les hauts sommets ne dore :

Déjà, déjà mon cœur, que son amour dévore,

   S'éveille et s'élance vers Toi,

   Vers toi, son seul maître et son roi ;

    Qu'il cherche et qu'il implore,

    Qu'il trouve et qu'il adore,

Et que, dans l'Univers, tout ce qui vit honore.

Mais qu'est-ce que la vie? Ah! rien que la bonté,
Et du Dieu de mon cœur la ravissante grâce,
N'efface et ne surpasse, (*)
Rien qu'un foible rayon de sa Divinité,
Qui vient et va se fondre en son immensité.

C'est donc Toi, c'est Toi seul, vers qui mon cœur soupire,
Puisque c'est par Toi seul qu'il vit et qu'il respire.
Combles-moi de tes dons, et je les chanterai;
J'en bénirai l'auteur, je le célébrerai.
Tes dons ne coûtent rien; tes dons sont ta puissance.
Sans cesse et sans efforts, ils coulent de ta main;
Sans jamais t'appauvrir, tu nous donnes sans fin;
Vouloir et le pouvoir est ta sublime essence.
Elle a fait l'Univers, Elle le fait sans cesse;
Amour et volonté; Beauté, force et sagesse,
O! vous, o! de mon être et source et complément!
Ne te dérobes point à mon empressement.
Par-tout vous vous trouvez, grand, aimable et terrible!
Par-tout vous m'échappez, présent mais invisible!
Je parcours l'univers; Je te cherche et tu fuis!
Je te demande aux jours, Je te demande aux nuits.

(*) *Melior est misericordia tua super vitas.* Ps. 62., 4.

Parois; o! qui m'as fait: c'est mon cri sans relâche;
Parois, et sois enfin touché de mon ardeur;
Déchires le rideau, romps le voile imposteur;
Que rien dans la nature, aucun lieu ne te cache:

Cieux transparents, découvrez votre auteur;
Et toi, terre, ôtes-toi, fais place au Créateur;
Qu'à mes yeux, qu'à mon cœur par-tout il se présente;
J'ai des yeux pour lui seul; pour lui seul j'ai du goût.
Que m'importe le reste, où mon cœur me tourmente!
Que me fait l'Univers, si mon Dieu s'en absente?
L'Univers ne m'est rien; Mais son Auteur m'est tout.

———————

  » Pour finir comme j'ai commencé, je ne cesserai de publier,
» ô! mon Dieu! que, si vous êtes nécessaire à l'Univers, comme
» premiere cause, comme premier moteur: vous ne l'êtes pas moins,
» vous l'êtes d'avantage, si je puis parler ainsi, à mon cœur.

  » Quand je n'aurois que ce cœur, et qu'un voile impénétra-
» ble me couvrît tout le reste, ce cœur vous sentiroit, vous aime-
» roit; il me diroit ce que vous êtes pour lui. Sans vous, il seroit
» dans le dénuement le plus affreux, dans le trouble, dans le
» désespoir, les plus cruels. Sans vous, j'aimerois mieux brouter
» l'herbe des champs, avec le paisible et insouciant agneau; ha-
» biter, comme les ancêtres de Telliamed, les fonds des mers,
» avec l'horrible baleine; ou parcourir les déserts de la Lybie
» avec le fier animal qui y régne en dèspote, en s'abreuvant de
» sang et de carnage: j'aimerois mieux traîner ainsi mes tristes
» jours, que de vivre sur cette agréable colline, ou dans les palais
» dorés des Grands, avec mes semblables »...

L'Aveug. de la Mont. Entr. VII.

Autre Extrait de l'*Aveugle de la Montagne*,
Entret. IV. p. 77.

Le Vieillard entôna d'abord son hymne à la Divinité. „ Il
„ invitoit toutes les intelligences, tous les adorateurs qui
„ peuplent l'univers, à s'unir avec lui pour chanter, pour
„ célébrer la gloire du Dieu Créateur, qui SEUL A L'ÊTRE
„ ET LA PUISSANCE ; mais qui ayant aussi la bonté, est sans
„ interruption porté par elle à se communiquer, et à former
„ dans sa sagesse, des chaînes toujours nouvelles d'êtres su-
„ bordonnés à Lui, et partecipans, dans une échelle infinie,
„ de sa vie et de sa félicité.

„ Il parcouroit ensuite cette échelle et tous les mondes,
„ en commençant par ce grain de sable que nous appellons la
„ terre, et auquel, (insensés que nous sommes!) nous nous
„ attachons comme si c'étoit le terme de nos espérances; tan-
„ dis qu'au moment même que nous en parlons, cet atome
„ nous échappe. Les Mondes disparoissoient ensuite successi-
„ vement, comme on voit fuir ou disparoître un brouillard
„ léger, dès que son vainqueur, le soleil, se montre. Le Créa-
„ teur seul restoit, au milieu d'un Univers transparent, pour
„ ainsi dire, et immatériel, environné de millions et de mil-
„ lions d'intelligences, dont l'occupation instantanée et éternel-
„ le étoit, de dire ou de s'écrier sans cesse: O! – Gloire soit
„ à celui qui est, qui a toujours été et qui sera éternelle-
„ ment. Tout est par Lui et en Lui. Sa bonté nous a for-
„ més; elle nous forme et nous éclaire sans cesse: elle nous a
„ formé capables de nous tourner vers Lui, de Le connoître
„ et de L'aimer. CONNOISSONS DONC ET AIMONS. Ce doit
„ être là notre seule, notre heureuse occupation pendant une
„ éternité de siècles. „

Autre Extrait de l'*Aveugle de la Montagne*,
Entret. VII. p. 16.

Dieu contient tout, sans pouvoir être contenu nulle part;
& l'Univers, qui ne présente point de bornes à mon imagination effrayée, se réduit, devant les yeux de son auteur,
aux dimensions d'un atôme, à la simplicité d'une monade.
Dieu est tout. " Devant lui la créature, ce rien trompeur,
" disparoit, et ne laisse aucune trace de son mensonge. "
J'emprunte ici les paroles du plus religieux de nos Sages [1].

Et ce n'est pas ici un sentiment purement affectueux, un
langage pathologique, une métaphore. C'est une expression
juste et littérale; c'est une grande vérité Physique, énoncée
sans emphase. Dieu n'est rien, ou, dans le sens le plus na-
turel et le plus vrai, il est *Tout*, il produit tout, il contient
tout, il agit en tout et par tout. A chaque instant il donne
l'être à tout ce qui le reçoit, avec tout ce qui accompagne
l'être. Il est le premier moteur de toute Action, la vie de
chaque Pensée. Le Tems et l'Espace ne sont que des modes
en lui, ou plutòt des rapports, qui coëxistent nécessairement
avec les créatures, nées imparfaites, changeantes, mais perfectibles. Enfin, ce qui dit tout, ce qui passe tout, Dieu
est en nous; [2] il est plus près de nous que nous ne le
sommes nous-mêmes. O! Dieu, si près et si caché!

Parois, O! qui m'as fait, c'est mon cri sans relâche.
Parois . . . . . . [3]

----

[1] Que ce sage de l'antiquité soit qui l'on veut, Fénélon a dit tout-à-fait
la même chose. Il voyoit la Divinité comme notre Aveugle la voit: il en
étoit plein. Son cœur & son esprit ne la perdoient jamais de vue.

[2] *Est Deus in nobis* &c.

[3] Ceci est pris d'un Hymne Philosophique, dont nous donnerons d'autres Extraits.

Une vue intuitive, telle que vous donnez quelquefois,
dès cette vie, à l'ame qui vous cherche, qui vous trouve, et
qui a contracté la douce habitude de converser avec vous, à
l'ame qui se jette, pour vivre, dans votre sein: une telle
vue vaut mieux, millions de fois mieux, que tous les raisonnemens des Platon, que toutes les propositions des Eucli-
de, que toute la doctrine de nos savans. Les savans ont le
cœur si rétreci, si aride et si dur! On diroit qu'ils manquent
de tact, que le sentiment leur est étranger. Ils voudroient
distinguer presque entre les vérités morales et physiques:
comme si les premières n'étoient que des demi-vérités; comme si ce que l'on sent, ce que l'on touche, ne nous annon-
çoit pas sa présence, autant ou plus que ce que l'on voit! comme si la vérité enfin, n'étoit pas une! *Parois* donc, *O! qui
m'as fait!*, et lorsque, dans l'excès de mon bonheur et de
ma joie, ne me possédant plus, je m'écrierai, en courant
l'annoncer à toute la terre, comme autrefois Archimède, et
avec bien plus de raison que lui: *je l'ai trouvé, je l'ai trouvé:* quand je verrai l'invisible, comme je voyois autrefois ce
soleil qu'il fait luire sur nous, comme je contemplois ces
flambeaux étincellans qu'il a sémés dans l'étendue des cieux;
quand je voguerai à pleines voiles sur cet océan de vie et
de lumière, qui n'est autre que mon DIEU; quand je m'é-
lancerai dans cette source de l'être et de la félicité: Ha!...
Mais il n'est pas possible de dire ce que je serai, ce que je
ferai. Heureux déjà par l'espérance, je nage dans des déli-
ces pures et sans mêlange, sûr qu'elles ne me seront jamais
ôtées; je suis heureux par le sentiment. Et comment ne le
serois-je pas, puisque Te désirant, je suis certain de T'ob-
tenir? Ce sentiment fait partie de mon être, et mon être
est ton ouvrage. Quel autre que Toi pourroit m'avoir donné
un tel sentiment?

Unissant donc, pour toujours, mon être et ma volonté
à la tienne, je vis de Toi, comme tu vis de Toi-même; je
me trouve fort de ta puissance, opulent de ta richesse, heureux de ta félicité; et à moins de dégrader tout-à-fait cette
raison, qui est ton bienfait, je ne saurois, non, je ne saurois
être malheureux.

———

L'ADORAZIONE

OVVERO

LA PREGHIERA E IL DESIDERIO:

L'UOMO A DIO.

TRADUZIONE

DI

DORICLEA SICIONIA.

INNO DEL MATTINO

(Deus, Deus meus, ad te de luce vigilo, Ps. 62.*)*

(Cantata da mettersi in Musica.)

In aspettando che l'orgogliosa filosofia spieghi meglio i suoi sistemi, che scorano il nostro spirito, » io non
» cesserò mai d'intonare in lode del gran Regolatore del
» mondo, e del gran Demiurgo il mio Inno, un Inno cioè
» d'ammirazione, d'amore, e di riconoscenza; e le In-
» telligenze Celesti, e l'Eco della natura lo ripeteranno
» all'unisono; e faranno rimbombare il mio Cantico per
» l'immense concavità dell'Empireo. O Re immortale di
» tutti i secoli! Niente esiste nel mondo, se non perchè
» Tu esisti.

Il Cieco della Montagna.

Pria che l'alba s'inostri,
E pria che agli occhi miei rinato il mondo
Renda al novello dì gli aurei colori,
E per gli empirei chiostri
Trionfatore il sole in corso a tondo
Degl'irti monti l'alte vette indori:
Preda ai celesti ardori

Già innamorato il cor per te s'invola
Al neghittoso sonno;
Già verso te sen vola
Unico suo sovrano, unico donno,
Ch'ei ricerca ed implora,
Ch'ei ritrova ed adora,
A cui ciò, che ha di vita almo retaggio,
Porge in terra ed in Ciel devoto omaggio.

Ma ch'è la vita? A fronte
Del tuo divin favor, di tua bontade
Lungi s'abbassa, e al tuo chiaror si solve.
Dal perenne tuo fonte
Mana qual debil raggio; e immensitade,
Ond'ella vien, nel suo gran mar l'involve.
Dunque ver te si volve
Sospiroso il mio cor; poichè a te solo
Debbe l'aura che spira.
Versa dall'alto polo
A larga man tuoi doni; la mia lira
Sopra le argute corde
In dolce suon concorde

Inni spiegando a te di gloria, e onore,
Canterà grata il liberale Autore.

   Tu per largir non spendi;
I doni di tua man son tua Potenza;
Nè mai tu cessi, nè al crear ti sforzi.
Non men ricco ti rendi,
Benchè prodigo ognora; e la tua Essenza
Al voler, e al poter tutta tu afforzi.
L'orbe per lei rinforzi,
Che per lei primo nel principio nacque.
Tu, cui all'aure beate
Me di formar ti piacque,
Voler, Forza, ed Amor, Saver, Beltate!
Ah! no, non più celarti
A cui brama incontrarti.
Per tutto sei, tremendo, amabil, grande!
Fuggi presente, e un vel su te si spande.

   Scorro per l'orbe intorno,
Avide imprimo le vestigie stanco,
E te, cui cerco, pel fuggir, non trovo.

Ne fo dimanda al giorno,
Ed alla notte di pregar non manco,
E in van cercando, i piedi lasso io movo.
O Tu, cui non ritrovo,
Mostrati, o mio Fattor! questo è il mio grido,
È questo senza posa.
Mostrati; ed al mio fido
Ardor non sia la tua pietà ritrosa.
Squarcia, Signor, la tela,
Ch'invida a me ti cela;
Non più vel furator mio duolo insulti,
Nè di natura luogo alcun t'occulti.

Cieli per cui traluce
Il bel che bea la magion superna,
Splenda del vostro Autor la faccia all'etra.
E tu, cui germi adduce,
E abbella il seno, o terra, all'alma eterna
Vista del Creator cedi, e t'arretra.
Deh Ciel! Deh terra! impetra
Che agli occhi ei sia tuttora, e al cor presente.
Mio guardo è sol per lui,

Lui solo il labbro or sente,

E altro non m'arde che i bei raggi sui.

Il resto a me che giova,

U' l' alma il duol ritrova?

Lungi dal mio Signor tutt' è ombra, e lutto;

Nulla mi è il Mondo; ma il suo Autor mi è tutto.

  » *Per finire in quel modo, in cui ho cominciato, io*
» *non cesserò di pubblicare, o mio Dio! che se voi siete*
» *necessario all'Universo, come primiera causa, e come*
» *primier Motore, non lo siete meno, anzi, se così posso*
» *esprimermi, siete molto più necessario al mio cuore.*

  » *Quando anche io non avessi altro che questo cuore,*
» *e quando un velo impenetrabile mi ascondesse ancora*
» *tutto il resto, questo mio cuore vi sentirebbe, e vi ame-*
» *rebbe; ed esso mi direbbe ciò che voi siete per lui. Sen-*
» *za di voi il mio cuore si troverebbe nello stato della più*
» *spaventevole nudità, e nella confusione, e disperazione*
» *più crudele. Senza di voi io amerei piuttosto di pasco-*
» *lare l'erba de' prati col mansueto, e non curante agnel-*
» *lo; e di abitare, come i progenitori di Telliamed, nel fon-*
» *do del mare con le orribili balene; o di vagare per lo*
» *solitudini della Libia insieme col feroce animale, che ivi*
» *regna dispoticamente avido di sangue, e di strage; io*
» *amerei di trarre in questo modo i miei tristi giorni, an-*
» *zi che vivere in questa amena collina, o ne' dorati pa-*
» *lagi dei Grandi in compagnia de' miei simili.*

       Il Cieco della Montagna *Tratten. VII.*

3.

Altro Estratto del *Cieco della Montagna*.

Tratten. *IV*, p. 77.

Il vecchio intonò allora il suo Cantico alla Divinità.
» *Egli invitava tutte le Intelligenze, e tutti gli adoratori,*
» *che popolano l'Universo, ad unìrsi con lui, per canta-*
» *re, e per celebrare la gloria del Dio Creatore, il quale*
» *solo ha l'Essere, e la Possanza; ma che avendo del pari*
» *la Bontà, è mosso incessantemente da essa a comunicarsi,*
» *ed a formare nella sua sapienza delle catene sempre no-*
» *velle di esseri subordinati a Lui, e che partecipano in*
» *una gradazione infinita della sua vita, e della sua felicità.*

» *Egli scorreva dappoi questa scala, e tutti i mondi,*
» *cominciando da questo grano d'arena, che noi chiamia-*
» *mo terra, ed al quale (insensati che siamo!) viviam sì*
» *attaccati, come se questo fosse il termine delle nostre*
» *speranze; mentre che nel momento stesso, in cui noi*
» *favelliamo, questo atomo ci sfugge. I mondi si dile-*
» *guavano quindi successivamente in quella guisa, che si*
» *vede fuggire, e dissiparsi una sottil nebbia all' apparire*
» *del sole. Il Creatore solo restava in mezzo ad un mondo*
» *trasparente, per così dire, ed immateriale, attorniato*
» *da milioni e milioni d'Intelligenze, la di cui occupazio-*
» *ne e temporanea, ed eterna è il dire, e l'esclamare di*
» *continuo: O! - Gloria sia a Colui, che è, che è stato*
» *sempre, e che sarà eternamente. Tutto è per Lui, ed*
» *in Lui. La sua Bontà ci ha formati; ella ci forma, e*
» *ci rischiara incessantemente; Ella ci ha creati capevoli*
» *di volgerci verso di Lui, di conoscerlo, e d'amarlo. Co-*
» *nosciamo dunque, ed amiamo. Questa debbe essere la*
» *nostra sola occupazione in tutti i secoli eterni.*

Altro Estratto del *Cieco della Montagna*.

Tratten. VII, p. 16.

Dio contiene, e circonscrive tutto; e non v'ha cosa ve-
runa, dalla quale possa egli essere circonscritto. L'universo, il quale per l'ampiezza della sua estensione eccede
tutti i limiti della nostra immaginazione stupefatta e con-
fusa, si riduce innanzi agli occhi del suo Fattore alle di-
mensioni insensibili d'un atomo, ed alla semplicità d'una
monade. Dio è tutto „ Al suo cospetto la creatura, que-
„ sto ingannevole nulla, sparisce, e non lascia impresso nè
„ pure un menomo vestigio della sua menzogna.„ Queste
sono l'espressioni del Saggio più religioso dei nostri giorni.

Nè questo è già un sentimento puramente affettuoso,
od un linguaggio patologico, ovvero una ben immaginata
metafora. Essa è una espressione giustissima, e letterale,
ed una grande verità fisica enunziata semplicemente, e
senza enfasi. O Dio è niente affatto, o parlando nel sen-
so più naturale e più vero, Egli è tutto, produce tutto,
contiene tutto, ed opera in tutto e per tutto. Ogni momento Egli comunica l'essere a tutto ciò che lo riceve da
lui, ed a tutto ciò che dipende dall'essere, e che al medesimo è congiunto con ristrettissimi vincoli. Dio è il primo motore d'ogni azione, e la vita di ciascun pensiero. Il
tempo, e lo spazio non sono che modificazioni in Lui, o
piuttosto sono delle relazioni, le quali esistono necessa-
riamente colle creature, nate bensì imperfette e mutabili,
ma capevoli di perfezione. Finalmente (e questa è l'espressione che dice tutto, e che supera tutte le altre espressioni) Dio è in noi; Egli è più presso di noi, che noi non
lo siamo da noi medesimi. O Dio! sì presente, e sì nasco-
sto! Mostrati, o mio Fattor ec.

*Una visione intuitiva, quale vi aggrada, o mio Dio,
di accordare talvolta, anche nel terrestre soggiorno, a
quelle anime, che vanno in traccia di voi, che hanno la
felicità d'incontrarvi, e che sono nella dolce consuetudi-
ne di conversare con voi, a quelle anime cioè, che per vivere la vita de'beati si sono gettate di lancio nel vostro
seno; questa visione, io dico, rischiara più la mente, ed
è mille e mille volte più penetrante che non lo sono tutti
i raziocinj, e tutti i teoremi de'Platoni e degli Euclidi,
e che tutta la vantata dottrina de'nostri sapienti. Essi
hanno troppo ristretto, e troppo duro ed arido il cuore.
Sembra all'udirli, che sieno privi del tatto, e che il sentimento sia alieno affatto dalla loro natura. Essi vorreb-
bero quasi stabilire delle differenze fra le verità morali e
le fisiche; come se le prime non fossero tali che per me-
tà, e come se ciò che si sente, e che si tocca, non ci an-
nunziasse la sua presenza egualmente, o più vivamente
ancora, che le cose stesse che si vedono; o pure, come se
la verità alla fine non fosse anch'ella una sola.* Mostrati
*dunque, o mio Fattore! E quando io nel trasporto della
mia gioja, e della mia beatitudine, non potendo più te-
nere me stesso, e scorrendo tutto l'universo per farlo cono-
scere, griderò per tutto, quale un tempo Archimede, e
con ben più forte ragione di lui, io l'ho trovato, io l'ho
trovato, quando io vedrò l'Invisibile con quella chiarezza,
con la quale io vedeva in altri tempi questo sole, ch'egli
fa risplendere sopra di noi, ed in quel modo stesso, con
cui contemplava queste scintillanti fiaccole sparse da lui
per l'immensa ampiezza dei Cieli; quando io navigherò a
vele gonfie per questo oceano della vita e della luce, il
quale non è altra cosa che il mio Dio: quand'io di volo
m'immergerò in questa sorgente dell'essere, e della felici-*

tà: ah!.... Ma egli è impossibile di dire ciò che io sarò
allora, e ciò ch'io farò. Beato me fin da questo punto
medesimo per la mia speranza. Io nuoto già in seno alle
delizie più pure, e scevre da ogni amarezza; poichè sono
sicuro, ch'esse non mi saranno mai tolte. Io sono già feli-
ce per sentimento. E come potrei non esserlo, se desideran-
do Te, io sono certo di possederti? Questo sentimento fa
parte del mio essere, ed il mio essere è opera delle tue ma-
ni. Se non sei Tu, chi mai può avermi dato questo sentimento? Unendo adunque incessabilmente il mio essere, e la
mia volontà alla tua, io vivo di Te, come Tu vivi di Te
stesso; io mi sento forte di tua possanza, dovizioso di tua
ricchezza, beato della tua felicità; e se la mia ragione, che
pure è dono di tua beneficenza, non venga per me depressa
ed avvilita, io non potrò certamente, no, io non potrò per
alcun modo essere infelice.